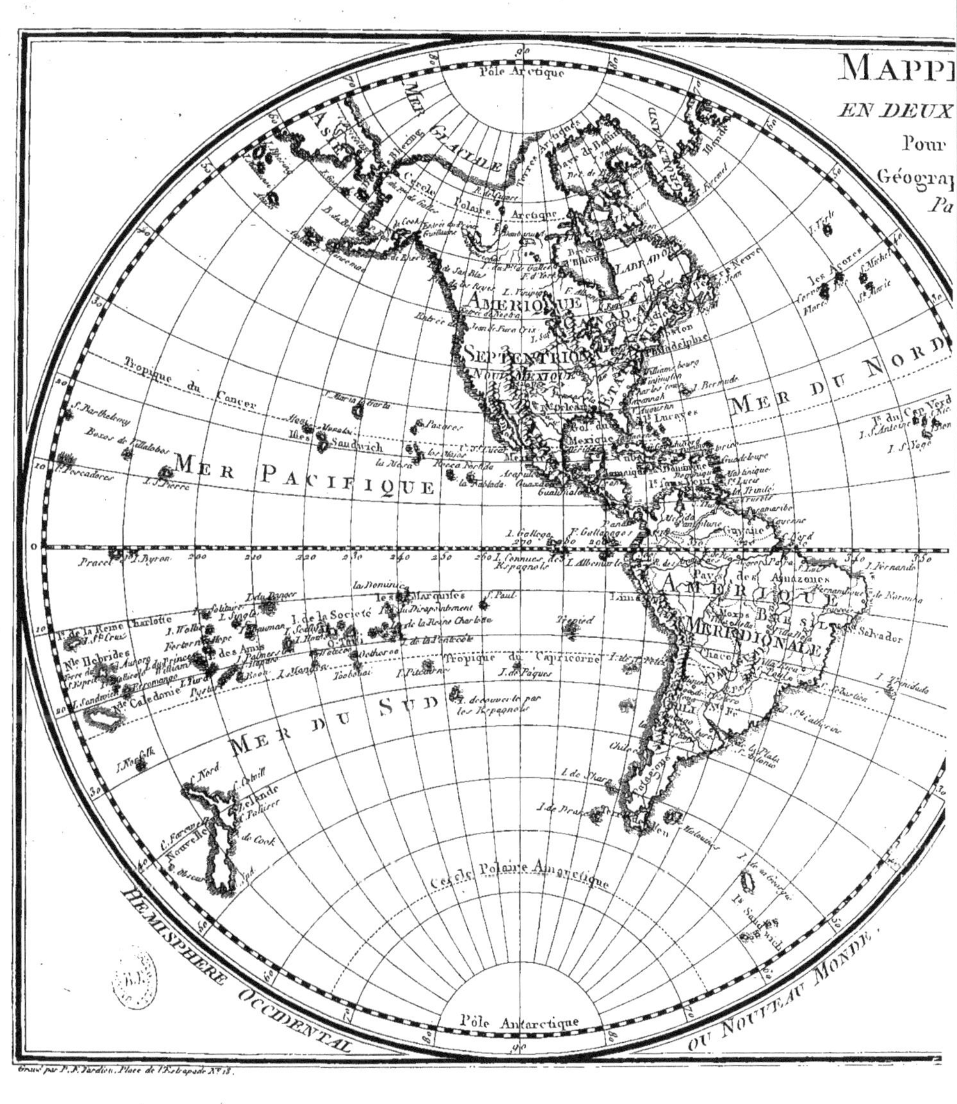

MAPP
EN DEUX
Pour
Géograp
Pa
Pôle Arctique
ASIE
Mer GLACIALE
AMÉRIQUE
SEPTENTRIONALE
NOUV. MEXIQUE
Mexique
LABRADOR
MER DU NORD
les Açores
Tropique du Cancer
MER PACIFIQUE
MER DU SUD
AMÉRIQUE
MÉRIDIONALE
BRÉSIL
Tropique du Capricorne
Cercle Polaire Antarctique
Pôle Antarctique
HÉMISPHÈRE OCCIDENTAL
OU NOUVEAU MONDE
Gravé par P.F. Tardieu, Place de l'Estrapade N°18.

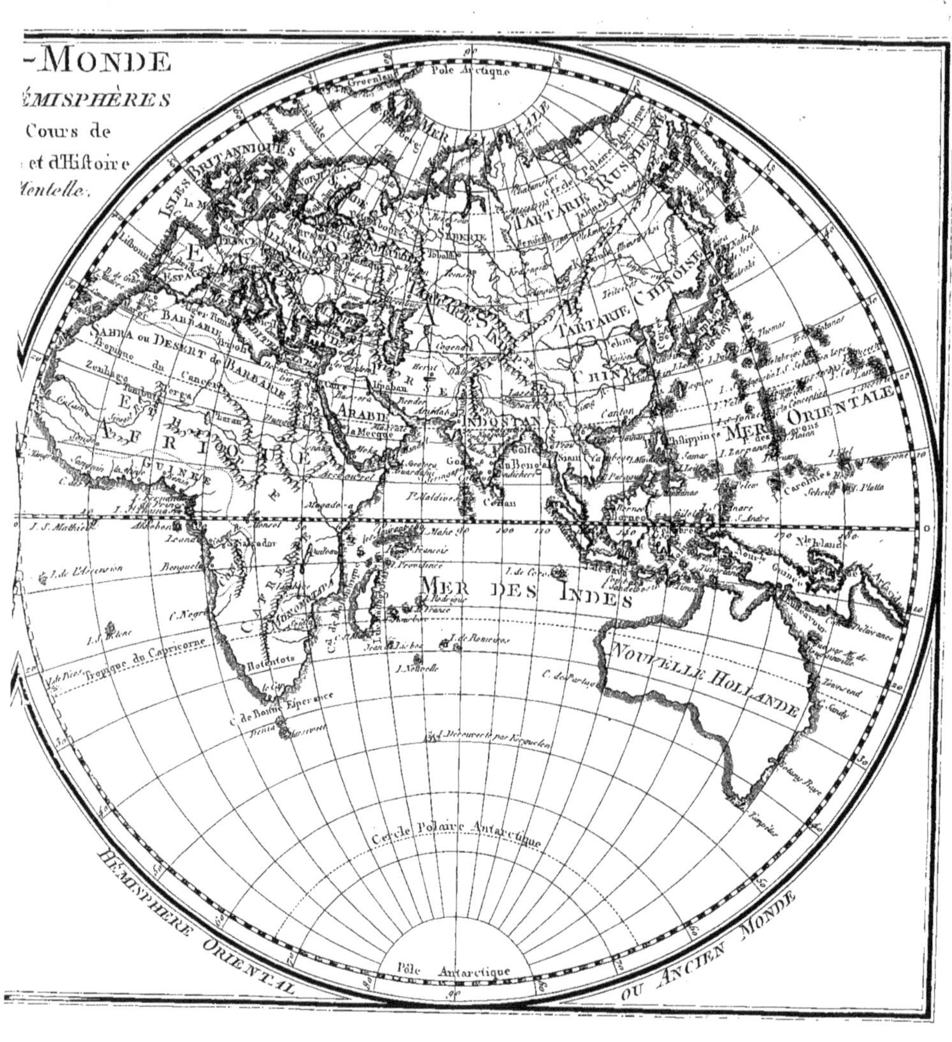

-MONDE
ÉMISPHÈRES
Cours de
et d'Histoire
Mentelle.
Pôle Arctique
MER GLACIALE
ISLES BRITANNIQUES
TARTARIE RUSSIENNE
TARTARIE CHINOISE
EUROPE
ESPAGNE
SIBERIE
SAHARA ou DESERT de BARBARIE
BARBARIE
Royaume du
Cances
CHINE
Canton
AFRIQUE
GUINEE
ARABIE
la Mecque
INDOSTAN
MER ORIENTALE
Philippines
Caroline
G. du Bengale
Ceilan
I. Maldives
NUBIE
ETHIOPIE
BORNEO
Tropique du Capricorne
MER DES INDES
C. Negre
Hottentots
le Cap
C. de Bonne Esperance
NOUVELLE HOLLANDE
I. Découverte par Kerguelen
Cercle Polaire Antarctique
HEMISPHERE ORIENTAL
OU ANCIEN MONDE
Pôle Antarctique

ISLES BRITANNIQUES
SCANDINAVIE
Thulé
Orcades
Caledonie
Hibernie
Bretagne
Celtes
Aquitaine
GAULE
GERMANIE
Sueves
Venedes
SARMATIE
EUROPE
Bastarnes
Dacie
Iazig
Moesie
Pont Euxin
Celtiberie
ESPAGNE
Betique
Corse
Sardaigne
Macedoine
MER INTERIEURE
Grece
Sicile
Crete
Cypre
Maurikanie
Isles Fortunées
Tingitane
Bizacene
Garamantes
Nasamones
Getulie
Cyrenaïque
Marmarique
Phenicie
Palestine
MER ATLANTIQUE
Tropique du Cancer
AFRIQUE
LIBYE
Ammon
Niger Fl.
ETHIOPIE
Isle de Meroé
Equateur

Gravé par P.F. Tardieu, Place de l'Estrapade N° 18.

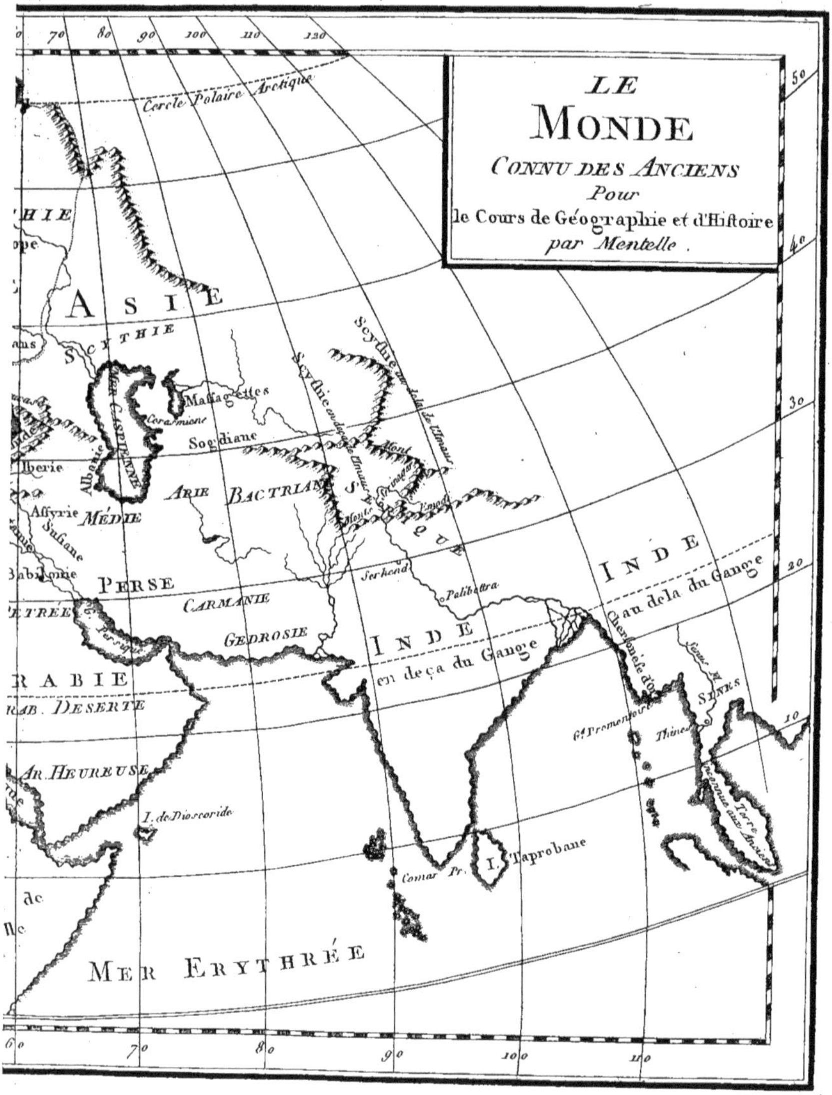

11
LE
MONDE
CONNU DES ANCIENS
Pour
le Cours de Géographie et d'Histoire
par Mentelle.

70 80 90 100 110 120
60 70 80 90 100 110

50
40
30
20
10

Cercle Polaire Arctique

ASIE
SCYTHIE
THIE
ope
us
Mer Caspienne
Massagettes
Corasmiene
Sogdiane
Scythie au dela de l'Imaus
Scythie en deça de l'Imaus
Mont Caucase
Mont Imaüs
Mont Emod
ARIE BACTRIANE S'Erique
MÉDIE
Albanie
Iberie
Assyrie
Susiane
Babilone
PERSE
CARMANIE
GEDROSIE
Serhend
Palibettra
INDE
en deça du Gange
INDE
au dela du Gange
Chersonése d'or
Gd Promontoire
Thinæ
SINES
Terre des Sinés
PÉTRÉE
G. Persique
ARABIE
AB. DESERTE
AR. HEUREUSE
I. de Dioscoride
de
lle
Comar Pr. I. Taprobane
MER ERYTHRÉE

Longitude d[...]

Gravé par P.F. Tardieu Place de l'Estrapade N.º 18.

Longitude[s]

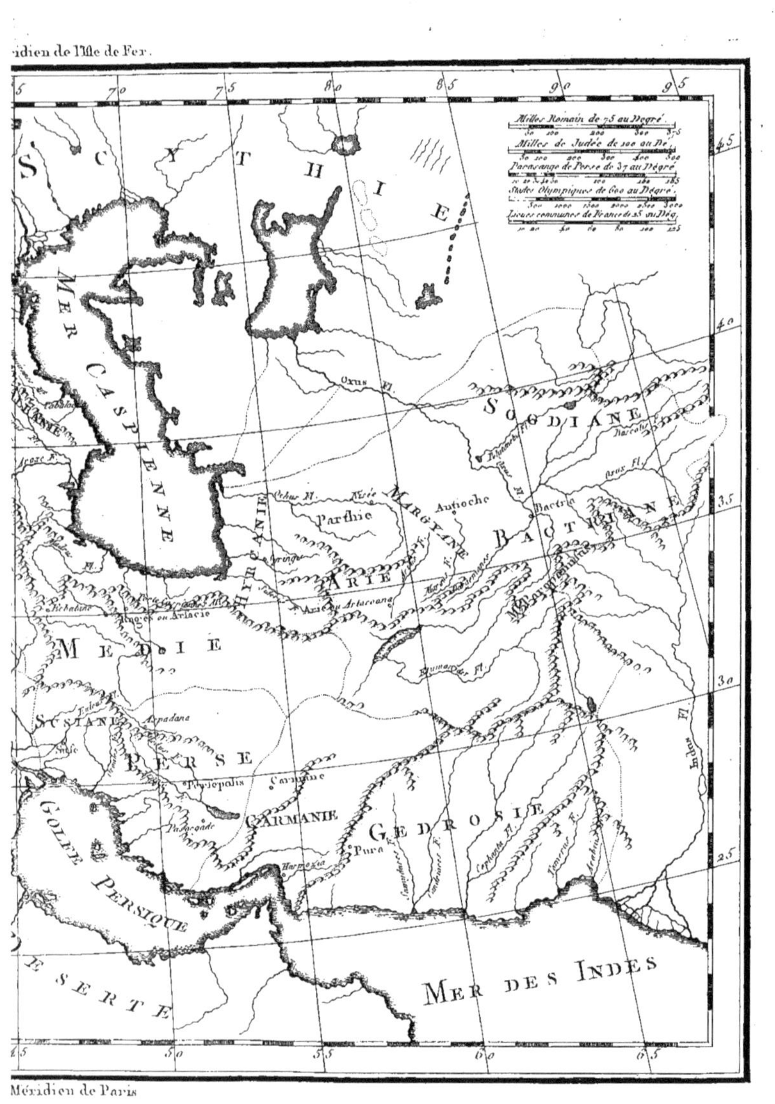
SCYTHIE
MER CASPIENNE
Oxus Fl.
SOGDIANE
Bactres
MARGIANE
Parthie
Antioche
BACTRIANE
Oxus Fl.
HYRCANIE
ARIE
Alexandrie
Arie ou Artacoana
Richabad
Ragès ou Arsacie
MÉDIE
SUSIANE
Apadana
Suse
PERSE
Persepolis
Carmanie
CARMANIE
Pasagarde
GOLFE PERSIQUE
Harmozia
Pura
GEDROSIE
Indus Fl.
Numagor Fl.
DESERTE
MER DES INDES

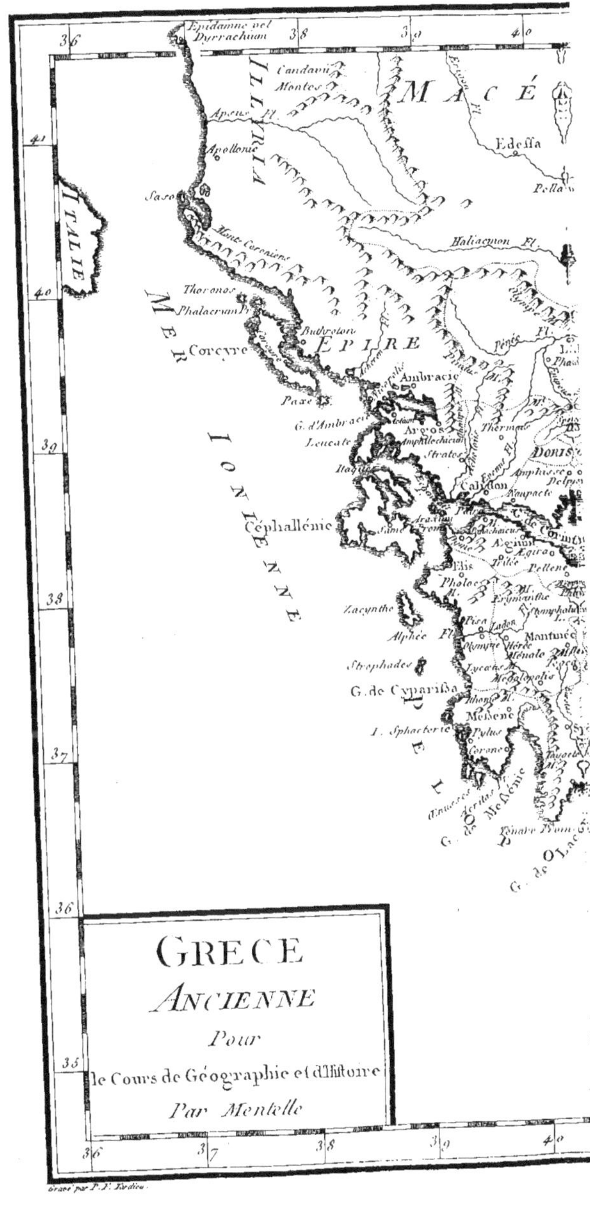

Epidamne vel Dyrrachium
ILLYRIA
Candavii Montes
MACÉ
Apsus Fl.
Apollonie
Edessa
Pella
Saso
Monte Ceraunien
Haliacmon Fl.
ITALIE
Thoronos
Phalacrum Pr.
Buthroton
MER
Corcyre
EPIRE
Pénée Fl.
Paxe I.
Ambracie
G. d'Ambracie
Argos
Leucate
Amphilochien
Thermal.
IONIENNE
Itaque
Strates
Doris
Calidon
Amphisse
Delphes
Naupacte
Céphallénie
Araxum Pr.
G. de Corinthe
Sainte Maure
Achaïcus
Elis
Ægium
Ægira
Pholoe
Pellene
M. Erymanthe
Zacynthe
Symphaleus
Pisa
Ladon
Alphée Fl.
Olympie
Hérée
Mantinée
Strophades
Lycée M.
Ménale
G. de Cyparissa
Mégalopolis
Mothone
Messene
Taygete
I. Sphacterie
Pylus
Corone
Acritas
G. de Messène
Ténare Prom.
G. de Laconie

GRECE
ANCIENNE
Pour
le Cours de Géographie et d'Histoire
Par Mentelle

Gravé par P. F. Tardieu.

OINE
THRACE
ASIE MINEURE
Thessalonica
G. de Pierie
Olynthe
Athos M.
Acrothoos
Thermaïque
Ampelos
Canastraum
Pallidium Pr.
Samothrace
G. de Mélas
Thasos
Imbros
Hellespont
Lemnos
Ténédos
Nea
Solannia
Péparèthe
Peopelos
Scandila
Cérinthe
Eubée
Phalasie Pr.
Scyros
Icos
Caïque Fl.
Lesbos
Mitilène
Cume
Chio
Helicon M.
Thèbes
Aulis
Capharée Pr.
Andros
Icaros
Samos
Saronique
Ténos
Hyelusse
MER ÉGÉE
MER ICARIENNE
d'Argos
Ios
Myconé
Syros
Delos
Rhenée
Naxos
Patmos
Léros
Calymna
Séripho
Paros
Siphno
Amorgos
Cos
SPORADE
Cimolos
Sicinos
Mélos
Anaphe
Antipalée
Cythère
MER DE MYRTOS
Pholégandros
Théra
Ascania
D. l'aile
Platée
Carpathos
Cadiscus Pr.
Dictynnœum Pr.
CRÉTE
Casos
Diam Pr.
Dia
Mt. Blanc
Phaestus
Mt. Ida
Cnosse
Itanum Pr.
Criu Metopon
Gortyne
Salmonium Pr.
Gaudos
Chrissa

ITALIA ANTIQUA
Pour le Cours de Géographie et d'Histoire par Mentelle
Lieuës Françoises
5 10 20 30
Carnia
Aquileia
LIBURNIA
DALMATIA
HADRIATICUM MARE
GALLIA
CIS
PINA
Liguria
Umbria
Picenum
Etruria
CORSICA
Aleria
Mediolanum
Brixia
Cremona
Mantua
Placentia
Parma
Mutina
Bononia
Ravenna
Ariminum
Pisaurum
Luna
Luca
Florentia
Arretium
Cortona
Sena
Vetulonii
Clusium
Ancona
Potentia
Firmum
Nigra
Pharus
Bratia
Diomedea
Vicentia
Verona
Patavium
Hadria
Scardona
Pola
Verona
Pennina
Vercella
Tortona
Asta

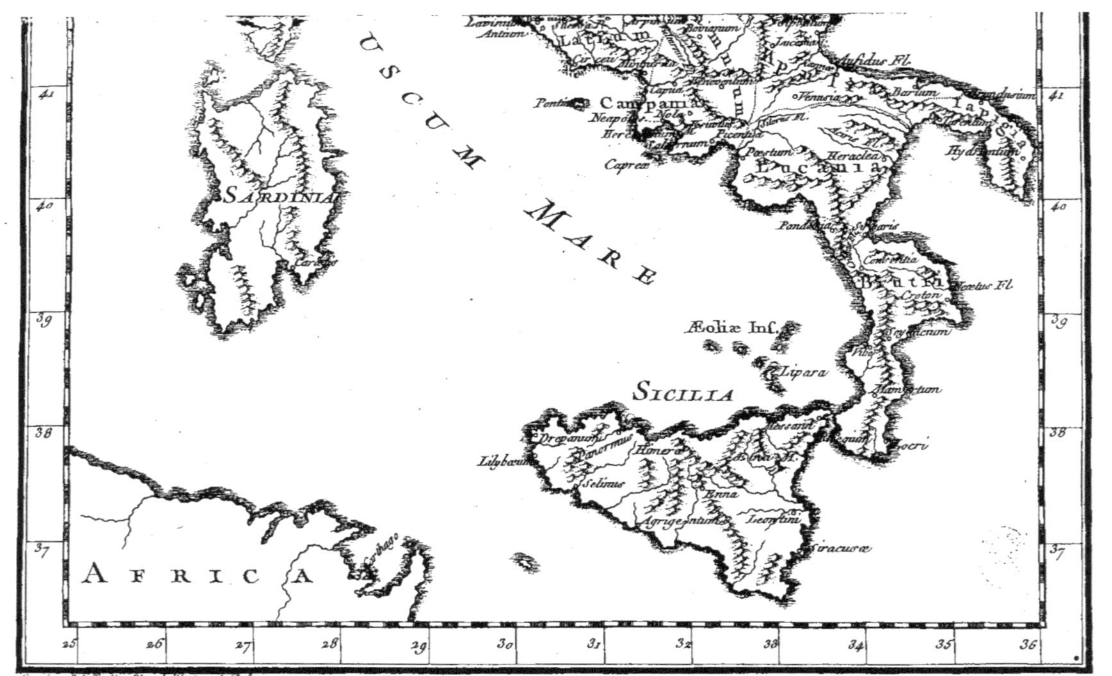

Gravé par P. F. Tardieu, Place de l'Estrapade N.° 18.

BRITANNIA
OCEANUS BRITANNICUS
Vectis Insula
Fretum
Bononia
OCEANUS
Riduna Ig.
Coriallum
Caracotinum
Sarnia
Cæsarea
Cortilus
Constantia
Noviomagus
Mediolanum
Uxantis Ins.
Gobæum
Sena Ins.
LUGDUNENSIS SECUNDA
Regineia
Mediolanum
LUGDUNENSIS TERTIA
LUGDU
Vorganium
Condate St. Cenomani
Blavia
Darioritum
Cambaristum
Duretie
Juliomagus
Turones
Vindilis
Condivincum
OCEANUS
Segora
Limonum
Segor Portus
Rauranum
Argentomagus
Uliarus Ins.
Mediolanum
Iculisma
Santonum
Blavia
Petrocorii
AQUITANIS
Burdigala
Cossio
Cocosa
Lactora
Elusa
Climberris
Aquæ
Anguita
HISPANIA
AQUITANI
Lugdunum
Turba
GAULE
Pour le Cours
de Géographie et d'Histoire.
Par Mentelle.

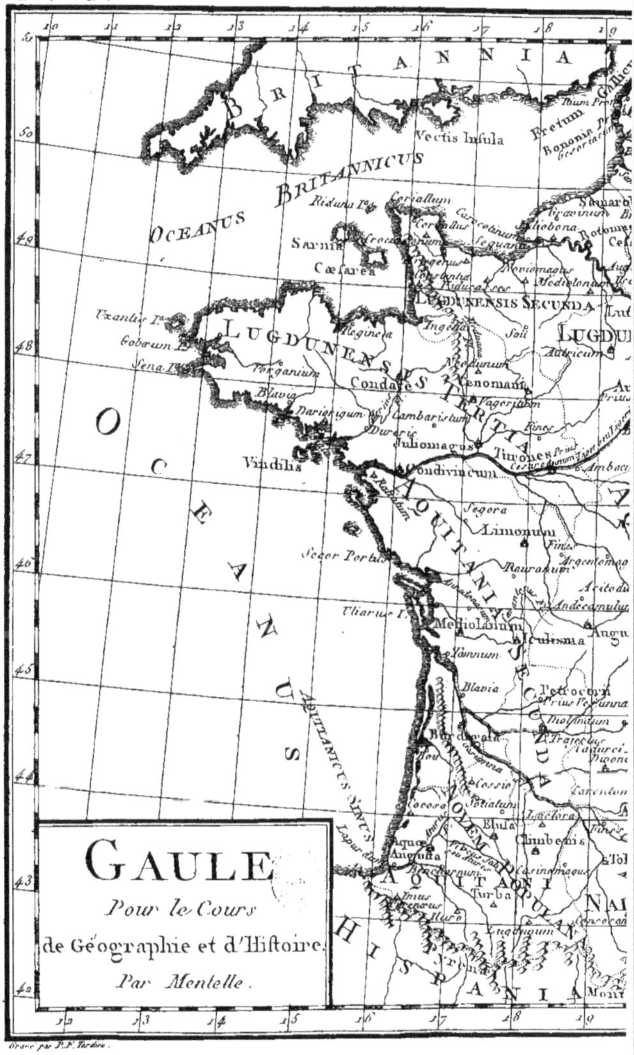

Gravé par P.F. Tardieu.

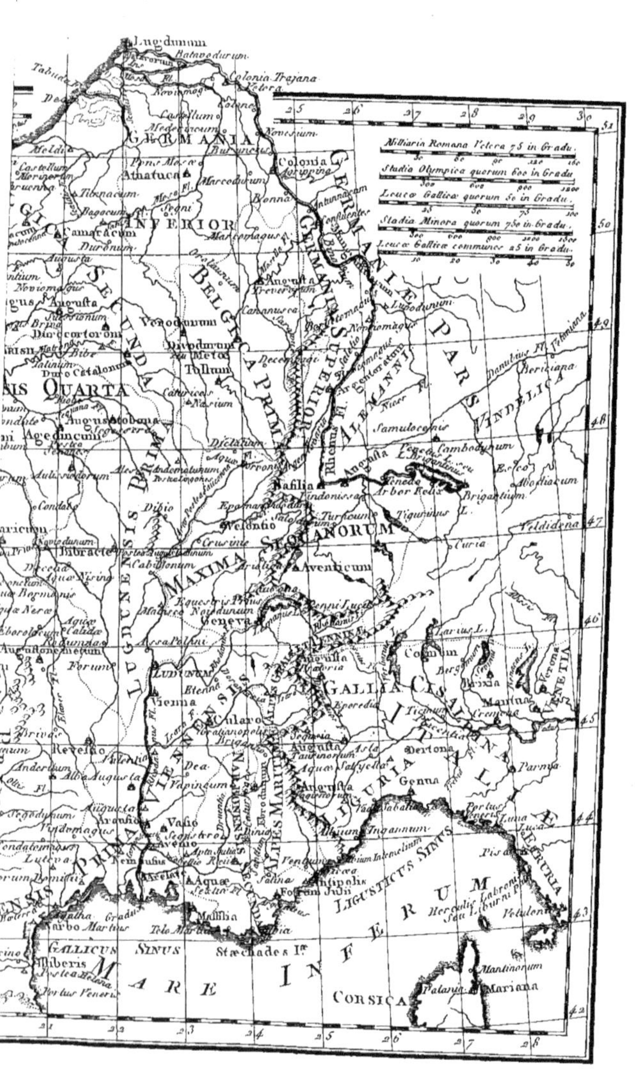
Milliaria Romana Vetera 75 in Gradu.
Stadia Olympica quorum 600 in Gradu
Leucæ Gallicæ quorum 50 in Gradu.
Stadia Minora quorum 750 in Gradu.
Leucæ Gallicæ communes 25 in Gradu.
GERMANIA
BELGICA PRIMA
BELGICA SECUNDA
INFERIOR
GERMANIÆ SUPERIORIS
GERMANIÆ PARS
VINDELICA
MAXIMA SEQUANORUM
LUGDUNENSIS PRIMA
LUGDUNENSIS QUARTA
GALLIA CISALPINA
LIGURIA
ETRURIA
VENETIA
NARBONENSIS
VIENNENSIS
MARITIMÆ
Lugdunum
Batavodurum
Colonia Trajana
Colonia Agrippina
Bonna
Atuatuca
Noviomagus
Augusta
Durocortorum
Divodurum
Tullum
Augustobona
Agedincum
Basilia
Vindonissa
Arbor Felix
Brigantium
Tigurinum L.
Curia
Veldidena
Bibracte
Aventicum
Geneva
Vienna
Eporedia
Comum
Verona
Dertona
Parma
Genua
Augusta Taurinorum
Asta
Aquæ Statiellæ
Vada
Portus Veneris
Luna
Pisæ
Vetulonia
Massilia
Telo Martius
Stœchades Iæ
Narbo Martius
Iliberis
Portus Veneris
GALLICUS SINUS
LIGUSTICUS SINUS
MARE INFERUM
CORSICA
Mariana
Aleria

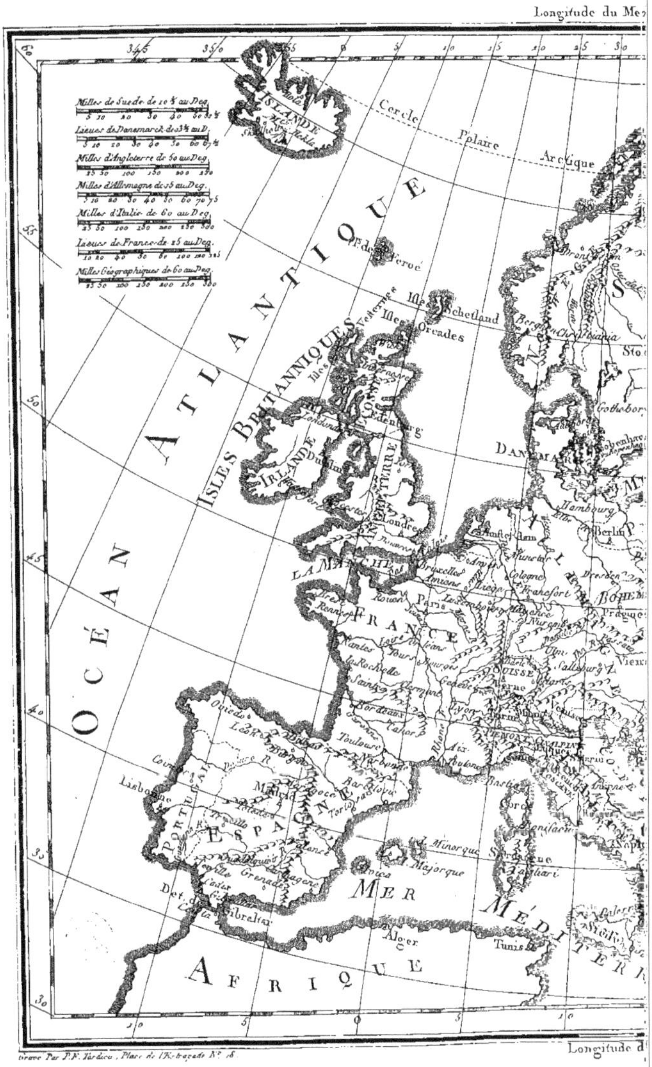

Longitude du Mer

OCÉAN ATLANTIQUE

ISLES BRITANNIQUES

ISLANDE
Mer Glaciale
Reickkehialde

Cercle Polaire Arctique

Isles de Feroë

Iles Schetland
Mer Orcades

IRLANDE
Dublin
ANGLETERRE
Londres
LA MANCHE
Brest
Rennes
Nantes
Loire
la Rochelle
Saintes
Bordeaux
FRANCE
Paris
Rouen
Amiens
Bruxelles
Tours
Bourges
Toulouse
Narbonne

Oviedo
LÉON
Coimbre
Lisbonne
PORTUGAL
ESPAGNE
Murcie
Grenade
Det. de la Gibraltar

SUÈDE
Bergen Christiania
DANEMARK
Gothebor
Copenhague
Hambourg
Berlin
Amsterdam
Cologne
Francfort
Dresde
BOHÊME
Prague
Nuremberg
Ulm
Salsbourg
SUISSE
Berne
Lyon
Turin
Aix
Rhône
Marseille
PIÉMONT
ALPES
Bastia
Corse
Bonifacio
Sardaigne
Cagliari
Minorque
Majorque
Ivice
MER MÉDITERRANÉE
Alger
Tunis

AFRIQUE

Milles de Suède de 10½ au Deg.
Lieues de Danemarck de 23¼ au D.
Milles d'Angleterre de 60 au Deg.
Milles d'Allemagne de 15 au Deg.
Milles d'Italie de 60 au Deg.
Lieues de France de 25 au Deg.
Milles Géographiques de 60 au Deg.

Gravé Par P.F. Tardieu, Place de l'Estrapade N.º 18.

Longitude d'

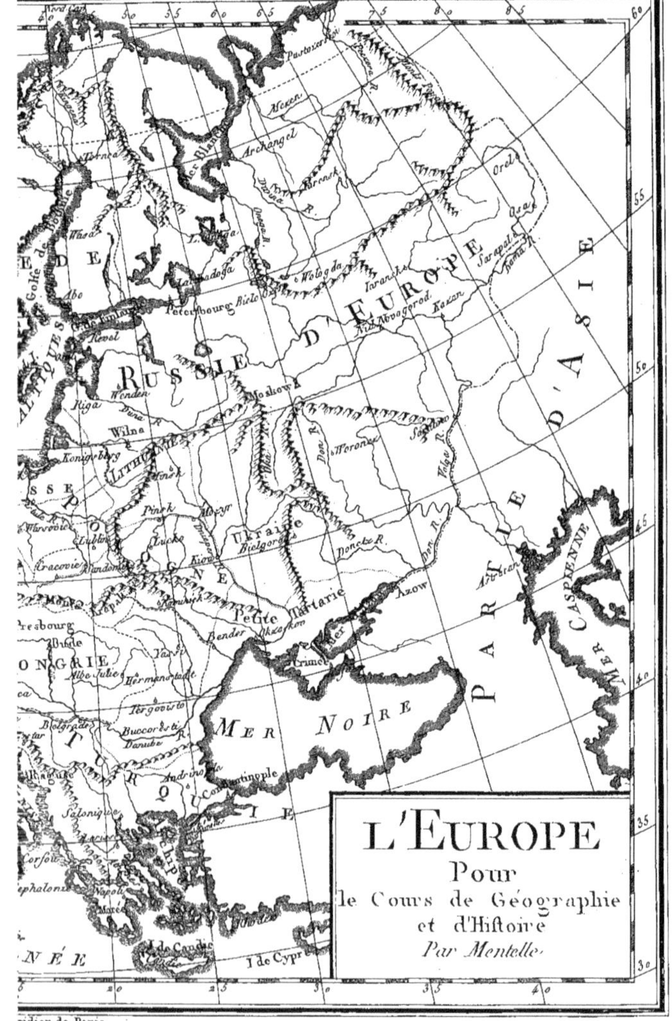
a de l'Isle de Fer.
Nord Cap
RUSSIE D'EUROPE
Archangel
Mezen
Mer Blanche
Orel
GOLFE DE BOTHNIE
Wasa
Abo
Ladoga
Petersbourg
Riga
Revol
Wenden
Duna R.
Wilna
Konigsberg
Minsk
LITHUANIE
PRUSSE
POLOGNE
Pinsk
Mozyr
Lublin
Warsovie
Ducke
Kracovie
Ukraine
Bielgorod
Kiov
Moskow
Don R.
Woronez
Soura R.
Volga R.
Kazan
Nisi Novgorod
Wologda
Iaroslav
Sarepat
PARTIE D'ASIE
MER CASPIENNE
Astracan
Donetz R.
Petite Tartarie
Azow
Okzakow
Bender
Crimée
Mer
MER NOIRE
Presbourg
Bude
HONGRIE
Albe Iulie
Hermanstadt
Tergovisto
Belgrade
Buccoresti
Danube R.
TURQUIE
Adrinople
Constantinople
Salonique
Corfou
Cephalonie
Napoli
I. de Candie
I. de Cypr
MÉDITERRANÉE
méridien de Paris
L'EUROPE
Pour
le Cours de Géographie
et d'Histoire
Par Mentelle.

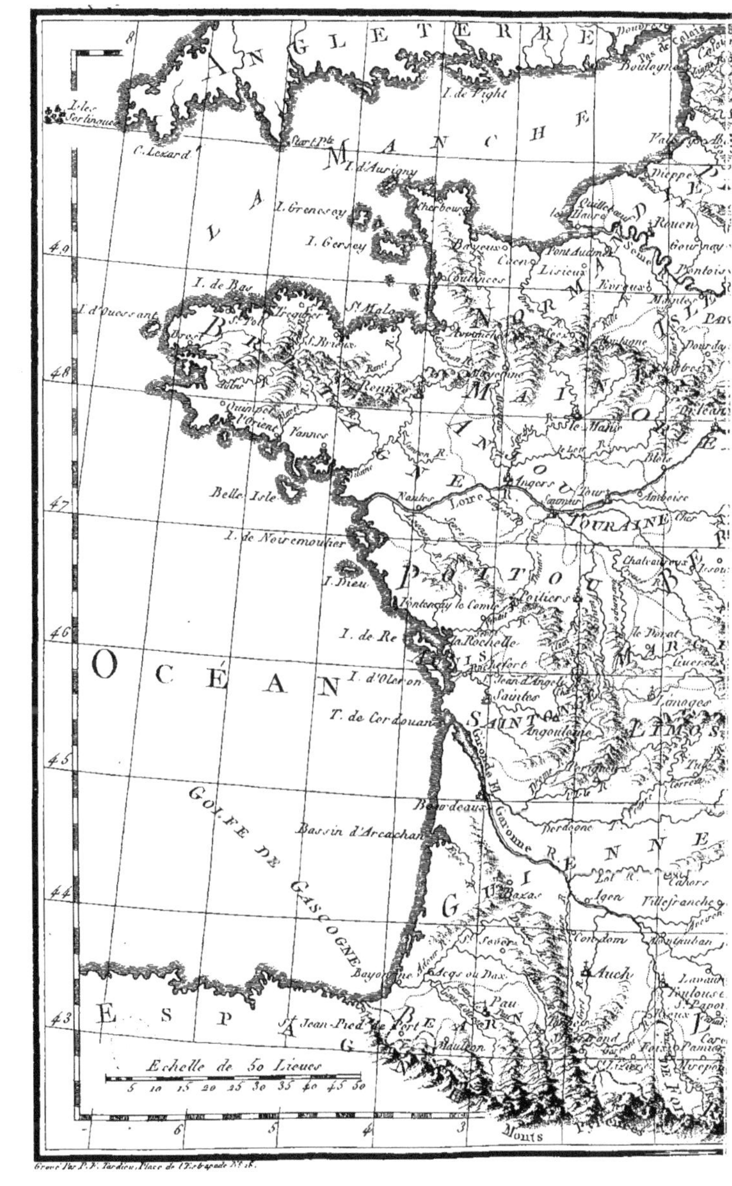

ANGLETERRE
Poudre
Boulogne
Calais
Pas de Calais
I. les Sorlingues
I. de Wight
MANCHE
C. Lezard
Start Pt.
Valognes
M. d'Aurigny
Dieppe
I. Grenesey
Cherbourg
les Haure
PICARDIE
Rouen
Seine R.
Gournay
I. Gersey
Bayeux
Caen
Pont Audemer
Lisieux
Pontoise
Coutances
Evreux
Mantes
I. de Bas
NORMANDIE
I. d'Ouessant
St. Pol
Treguier
St. Malo
Avranches
Mayenne R.
Montagne
Dour
Brest
BRETAGNE
St. Brieux
Rennes
MAINE
le Mans
Kilvo
Quimper
ANJOU
l'Orient
Vannes
Angers
Tours
Amboise
Belle Isle
Nantes
Loire
TOURAINE
I. de Noirmoutier
POITOU
BERRY
I. Dieu
Fontenay le Comte
Poitiers
OCÉAN
I. de Re
la Rochelle
AUNIS
Rochefort
MARCHE
I. d'Oleron
St. Jean d'Angely
Saintes
Limoges
T. de Cordouan
SAINTONGE
Angouleme
LIMOSIN
Bourdeaux
Garonne R.
Dordogne R.
GUIENNE
GOLFE DE GASCOGNE
Bassin d'Arcachon
Bazas
Agen
Villefranche
Cahors
Bayonne
Adour R.
Aqs ou Dax
Condom
Montauban
St. Sever
Auch
Toulouse
ESPAGNE
St. Jean Pied de Port
BEARN
Pau
Mirepoix
Monts

Echelle de 50 Lieues
5 10 15 20 25 30 35 40 45 50

Gravé par P.F. Tardieu, Place de l'Estrapade N.° 16.

FRANCE
PHYSIQUE,
Anciennes Divisions,
Pour le Cours
de Géographie et d'Histoire
Par Mentelle.
ALLEMAGNE
CHAMPAGNE
BOURGOGNE
DAUPHINÉ
PROVENCE
BOURBONOIS
Dunkerque
Liege
Bonn
Metz
Nancy
Strasbourg
Rhin
Bale
Zurich
Lucerne
Besancon
Doubs R.
Dole
Chalons
Macon
Bourg
Geneve
Grenoble
Briançon
Gap
Orange
Avignon
Nimes
Montpellier
Marseille
Toulon
I. d'Hyeres
Turin
Milan
Come
Pô Fl.
Pavie
Troyes
Sens
Dijon
Nevers
Moulins
Clermont
Rhodez
Milhaud
MER MEDITERRANÉE
I. DE CORSE
50
49
48
47
46
45
44
43

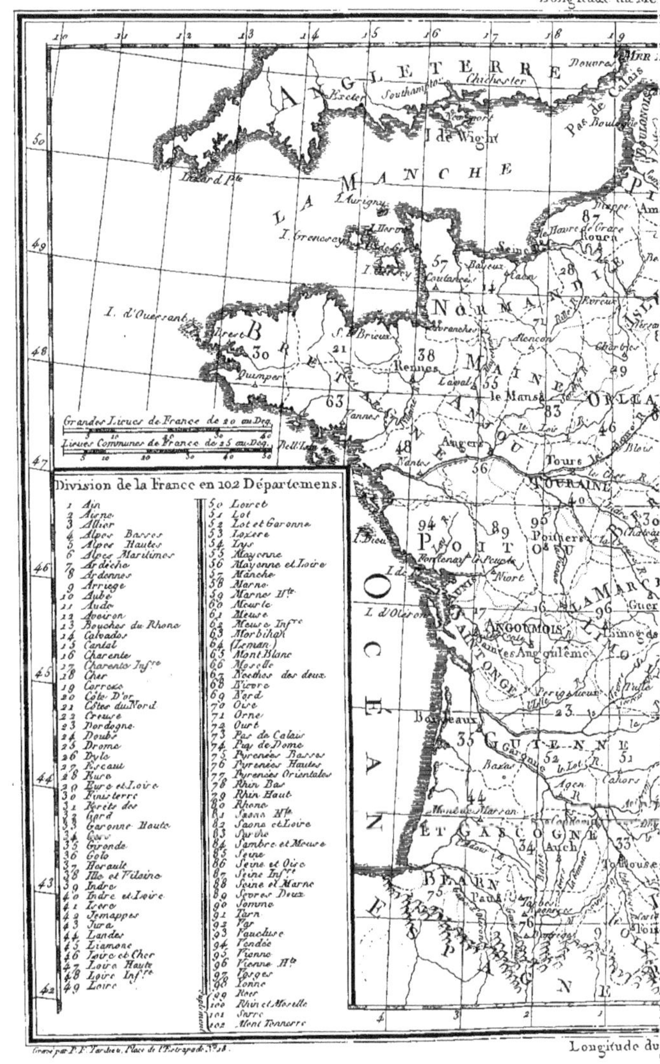

Longitude du Me
Longitude du
Gravé par P.F. Tardieu, Place de l'Estrapade N.º 18.

ANGLETERRE
Exeter
Southampton
Chichester
Douvres
MER
I. de Wight
Pas de Calais
Pas Boulogne
LA MANCHE
Hazd Pte
I. Aurigny
I. Grenesey
I. Harm
I. Jersey
Havre de Grace
Rouen
Seine
Bayeux
Coutances
Caen
28
NORMANDIE
Evreux
Avranches
Alençon
Chartres
I. d'Ouessant
Brest
S.t Brieuc
BRETAGNE
Quimper
Rennes
MAINE
Laval
le Mans
ORLÉA
30
21
38
55
83
Angers
Nantes
Tours
TOURAINE
63
Vannes
Bell'Isle
48
56
OCEAN
POITOU
Fontenay le Peuple
Niort
Poitiers
94
89
95
98
I. d'Oleron
ANGOUMOIS
Angouleme
SAINTONGE
Périgueux
23
Bordeaux
GUIENNE
Bazas
Garonne
Agen
Cahors
35
52
51
44
Mont de Marson
GASCOGNE
Auch
34
33
Toulouse
BEARN
Pau
Tarbes
75
76
PYRÉNÉES

Grandes Lieues de France de 20 au Deg.
Lieues Communes de France de 25 au Deg.

Division de la France en 102 Départemens.

1 Ain
2 Aisne
3 Allier
4 Alpes Basses
5 Alpes Hautes
6 Alpes Maritimes
7 Ardéche
8 Ardennes
9 Arriege
10 Aube
11 Aude
12 Aveiron
13 Bouches du Rhone
14 Calvados
15 Cantal
16 Charente
17 Charente Inf.re
18 Cher
19 Corréze
20 Côte-D'or
21 Côtes du Nord
22 Creuse
23 Dordogne
24 Doubs
25 Drome
26 Dyle
27 Escaut
28 Eure
29 Eure et Loire
30 Finisterre
31 Forêts des
32 Gard
33 Garonne Haute
34 Gers
35 Gironde
36 Golo
37 Herault
38 Ille et Vilaine
39 Indre
40 Indre et Loire
41 Isere
42 Jemappes
43 Jura
44 Landes
45 Liamone
46 Loire et Cher
47 Loire Haute
48 Loire Inf.re
49 Loire
50 Loiret
51 Lot
52 Lot et Garonne
53 Lozere
54 Lys
55 Mayenne
56 Mayenne et Loire
57 Manche
58 Marne
59 Marne Hte
60 Meurte
61 Meuse
62 Meuse Inf.re
63 Morbihan
64 (Leman)
65 Mont Blanc
66 Moselle
67 Necthes des deux
68 Niévre
69 Nord
70 Oise
71 Orne
72 Ourt
73 Pas de Calais
74 Puy de Dome
75 Pyrenées Basses
76 Pyrenées Hautes
77 Pyrenées Orientales
78 Rhin Bas
79 Rhin Haut
80 Rhone
81 Saone Hte
82 Saone et Loire
83 Sarthe
84 Sambre et Meuse
85 Seine
86 Seine et Oise
87 Seine Inf.re
88 Seine et Marne
89 Sevres Deux
90 Somme
91 Tarn
92 Var
93 Vaucluse
94 Vendée
95 Vienne
96 Vienne Hte
97 Vosges
98 Yonne
99 Roer
100 Rhin et Moselle
101 Sarre
102 Mont Tonnerre

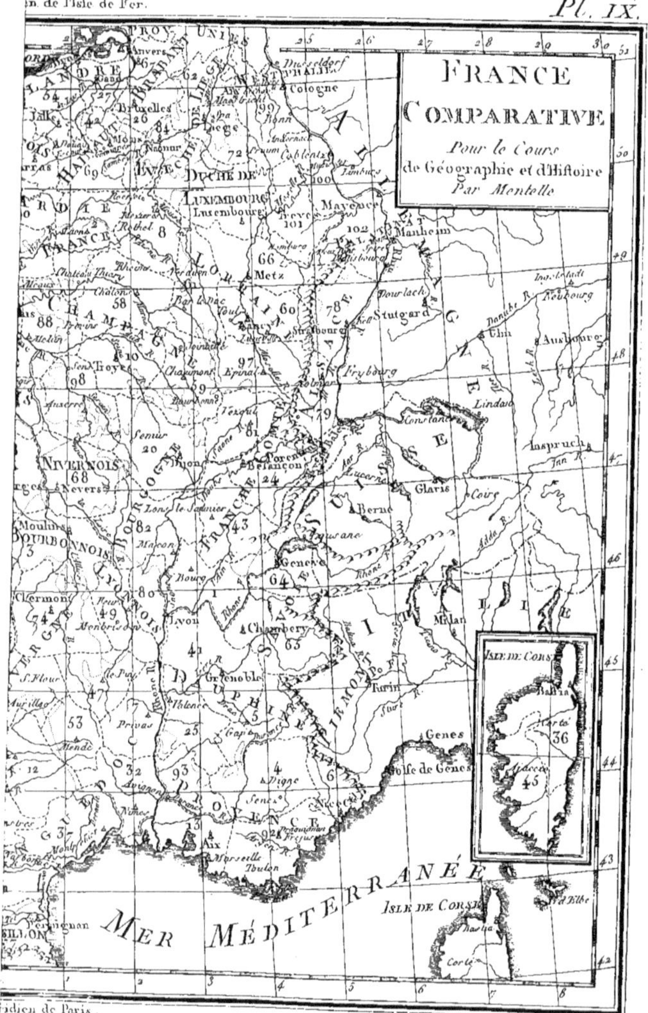
FRANCE
COMPARATIVE
Pour le Cours
de Géographie et d'Histoire
Par Mentelle
MER MÉDITERRANÉE
ISLE DE CORSE
SUISSE
ALLEMAGNE
FLANDRE
BRABANT
HAINAUT
DUCHE DE LUXEMBOURG
LORRAINE
ALSACE
CHAMPAGNE
FRANCE
BOURGOGNE
FRANCHE COMTÉ
NIVERNOIS
BOURBONNOIS
LYONNOIS
DAUPHINÉ
PROVENCE
PIEMONT
ROUSSILLON
Anvers
Bruxelles
Mons
Namur
Liege
Cologne
Bonn
Andernach
Coblentz
Trier
Luxembourg
Treves
Mayence
Manheim
Metz
Verdun
Strasbourg
Stutgard
Ulm
Augsbourg
Fribourg
Constance
Lindau
Insprück
Glaris
Coire
Berne
Lausane
Lucerne
Geneve
Milan
Chambery
Turin
Grenoble
Gap
Digne
Genes
Golfe de Genes
Aix
Marseille
Thoulon
Nice
Avignon
Nimes
Perpignan
Clermont
Nevers
Moulins
Macon
Bourg
Lyon
S. Flour
Le Puy
Privas
Mende
Aurillac
Chaumont
Epinal
Troyes
Sens
Auxerre
Semur
Dijon
Besançon
Rethel
Chalons
Isle de Corse
Bastia
Corte
Ajaccio
I. d'Elbe

Pl. X
Longitude du Meridien de l'Isle de Fer. 
ISLES
BRITANNIQUES
Pour le Cours
de Géographie et d'Histoire
Par Mentelle.
Schetland
Lerwick
I. Fair ou Ferro
Is Orcades
Ronaldsha du Nord
I. Sanda
I. le Mainland
ou Pomona
I. Stronsa
I. d'Hoy
Ronaldsha du Sud
C. Faroul
D. de Pentland
C. Duncansby
Pt. d'Orcby
Wick
MER D'ECOSSE
ISLES WESTERNES
I. Lewis
I. de North-Uist
I. de Sund-Uist
I. Canay
I. de Col
I. Tirelif
I. Colonia
I. Isla
Rasay
de Muray
Cromarty
Elgin
Banff
Aberdeen
Neuf Aberdeen
Perth
St André
Fife
Barwick
MER D'
I. Unst
Yell

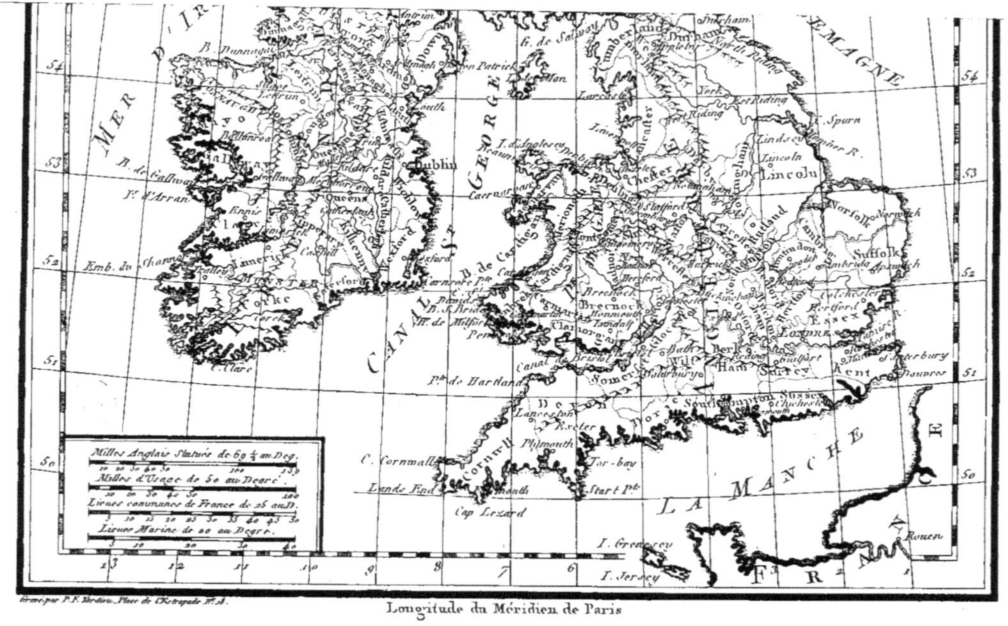

MER D'IRLANDE
MER D'IRLANDE
CANAL ST. GEORGE
LA MANCHE
ALLEMAGNE
FRANCE
Dublin
Galway
B. de Galway
I. d'Arran
Emb. du Chan...
MUNSTER
Corke
C. Clare
Queens
Kilkenny
Wexford
Waterford
Lincoln
Norfolk
Norwich
Suffolk
Ipswich
Essex
Colchester
Hertford
LONDRES
Canterbury
Douvres
Kent
Surrey
Sussex
Chichester
Southampton
Dorset
Devon
Exeter
Launceston
Cornwall
C. Cornwall
Plymouth
Lands End
Start P.t
Tor-bay
Cap Lezard
P.t de Hartland
Somerset
Glocester
Berks
Wilts
Bristol
Bath
York
West Riding
East Riding
North Riding
Lancaster
Chester
Stafford
Rutland
Cambridge
Spurn
Lindsey
Cumberland
Durham
Northumberland
G. de Solway
I. de Man
I. d'Anglesey
Caernarvon
Brecnock
Monmouth
Glamorgan
Pembroke
Cardigan
B. de Cardigan
W. de Milford
I. Grenesey
I. Jersey
Rouen
Milles Anglais Statuts de 69 ½ au Deg.
Milles d'Usage de 50 au Degré
Lieues communes de France de 25 au D.
Lieues Marine de 20 au Degré
Gravé par P. F. Tardieu, Place de l'Estrapade N.4.
Longitude du Méridien de Paris

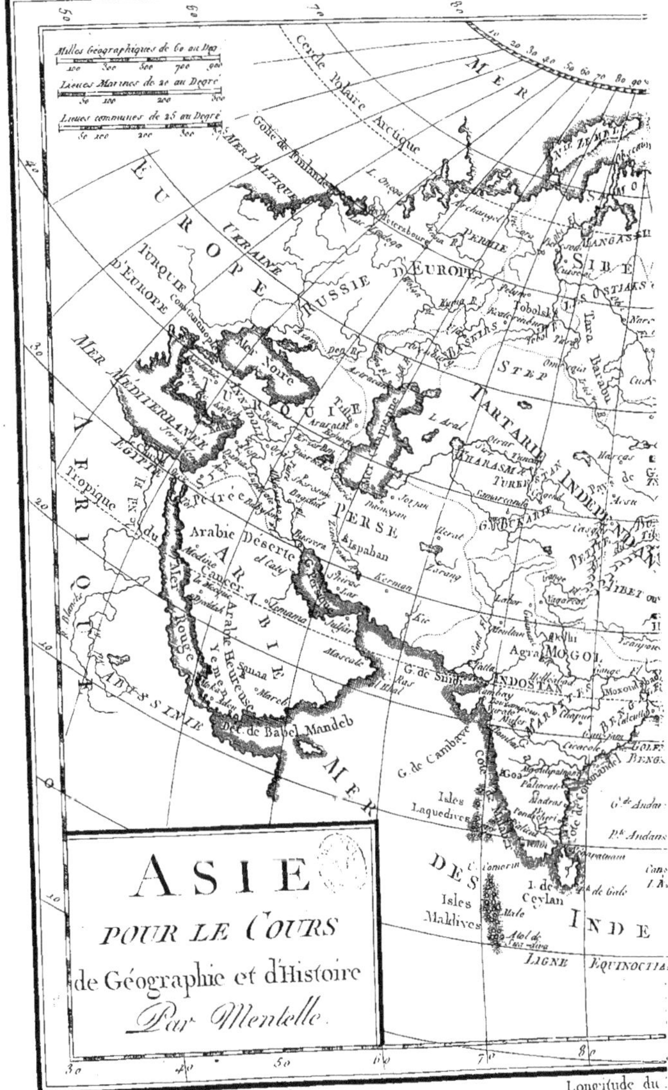

ASIE

POUR LE **Cours**

de Géographie et d'Histoire

Par Mentelle.

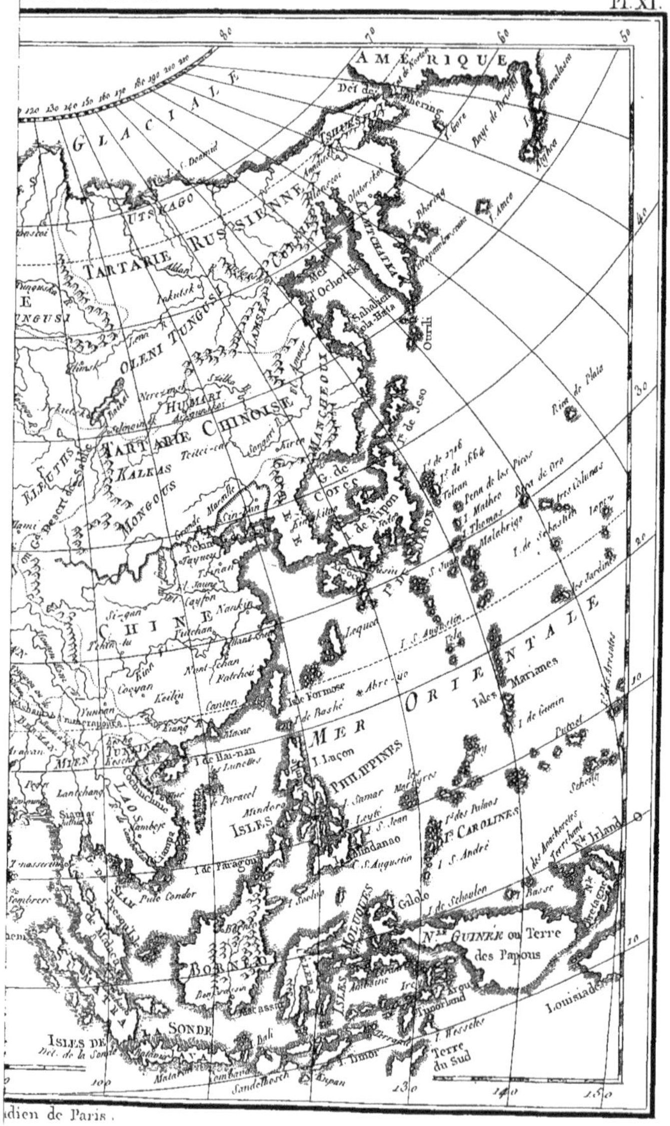

AMÉRIQUE
OCÉAN GLACIAL F.
TARTARIE RUSSIENNE
UTSKAGO
TARTARIE CHINOISE
HUMARI
KALKAS
MONGOUS
OLENI TUNGUSI
ELEUTHS
CHINE
Nankin
Canton
Keilin
TUNKIN
LAO
MIEN
SIAM
I. de Hai-nan
Isle Formose
I. Luçon
ISLES PHILIPPINES
Mindoro
Samar
Leyté
Mindanao
KAMTCHATKA
Mer d'Ochotsk
Corée
G. de
de Nipon
JAPON
MER ORIENTALE
Isles Mariannes
I.º CAROLINES
Nle. Irlande
N.le GUINÉE ou Terre des Papous
Louisiade
ISLES MOLUQUES
Gilolo
BORNEO
MALACA
ISLES DE LA SONDE
JAVA
Bali
Timor
Sandelbosch
Terre du Sud
Dét. de la Sonde
Pulo Condor
Det. de Bhering
I. Amce

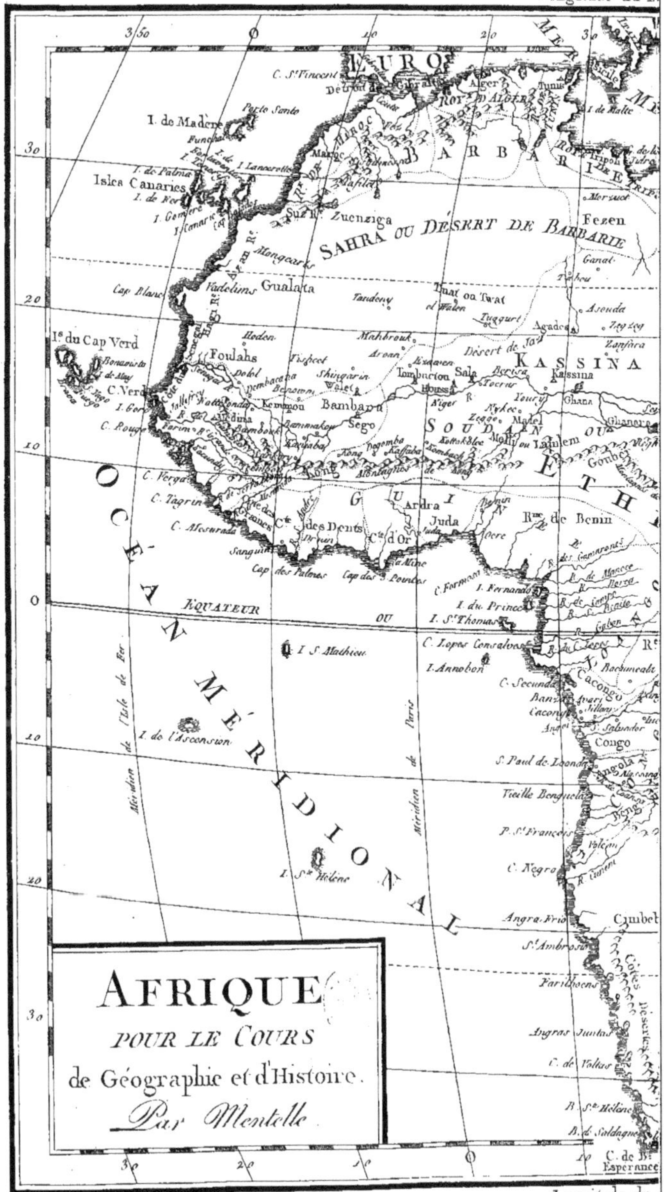
EUROPE
C. St Vincent
Detroit de Gibraltar
Alger
Tunis
Sicile
I. de Madere
Porto Santo
Funchal
MAROC
Maroc
Fez
ROY. D'ALGER
BARBARIE
ROY. Tripoli
Tafilet
I. de Malte
Isles Canaries
I. de Palma
I. de Fer
I. Gomere
I. Canarie
Sur R. Zuenziga
SAHRA OU DÉSERT DE BARBARIE
Fezzan
Ganat
Morzuet
Cap Blanc
Vadelims Gualata
Taudeny
Tuat ou Twat
el Walen
Tuggurt
Agadez
Asouda
Zeg Zeg
Is. du Cap Verd
Hoden
Mahbrouk
Désert de Jof
Zanfara
Foulahs
Tischeet
Aroan
KASSINA
Bonavista
Dobel
Shingarin
Essaouen
Tombucton
Sala
Berisa
Kassina
C. Verd
Walet
Houssa
Tocrur
Ghana
I. Gore
Bambara
Niger R.
Youry
Ghanore
C. Rouge
Sego
Nyhee
Zigoc Madel
SOUDAN OU
Kong
Montagnes de
Molli ou Taulem
ÉTHIOPIE
OCÉAN
C. Verga
G U I
Ardra
Bénin
R.me de Benin
C. Tagrin
Juda
C. des Dents
Côte d'Or
C. Mesurada
Cap des Palmes
Cap des Pointes
C. Formoso
I. Fernando
I. du Prince
ÉQUATEUR
OU
I. St Thomas
C. Lopez Consalves
I. S. Mathieu
I. Annobon
C. Secunda
Cacongo
Banza
Loango
Cacongo
Salvador
OCÉAN MÉRIDIONAL
I. de l'Ascension
Congo
S. Paul de Loanda
Angola
Vieille Benguela
Méridien de l'Isle de Fer
Méridien de Paris
P. St François
C. Negro
I. S.te Hélène
Angra Frio
Cimbeb
St Ambroso
AFRIQUE
POUR LE COURS
de Géographie et d'Histoire.
Par Mentelle
Farilhoens
Angras Juntas
C. de Voltas
B. S.te Hélène
B. de Saldagne
C. de B.
Espérance

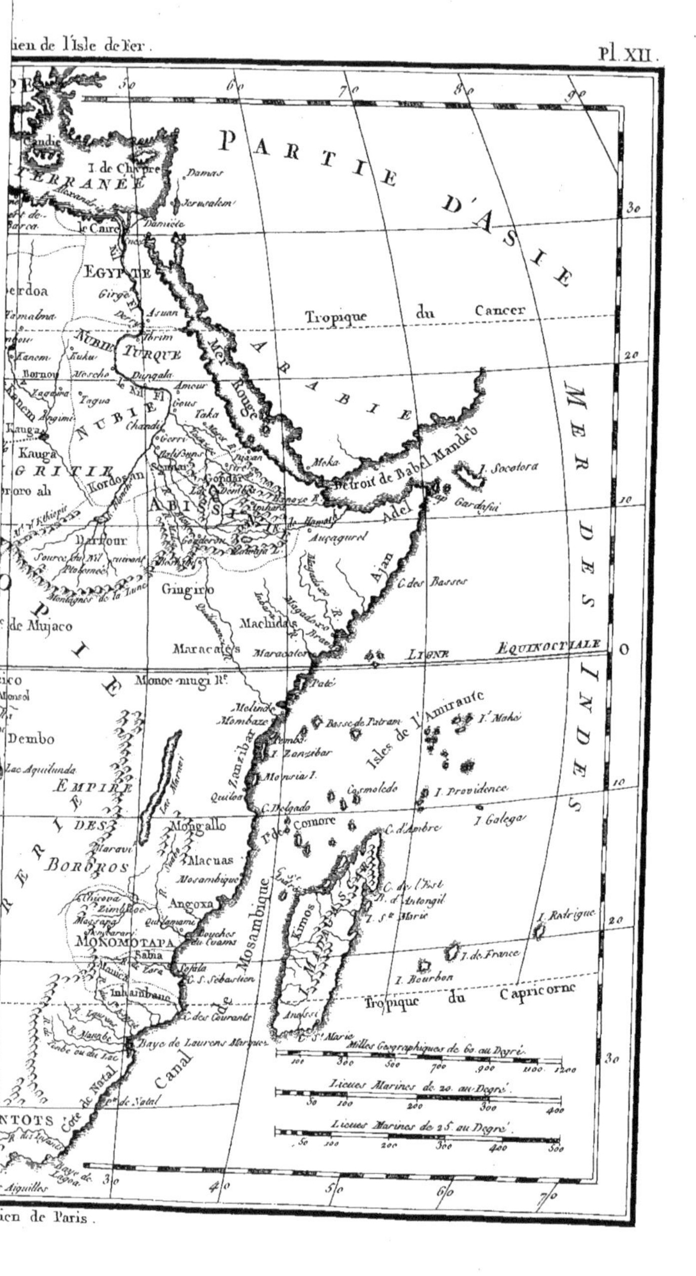
PARTIE D'ASIE
TERRANÉE
Candie
I. de Chypre
Damas
Jerusalem
le Caire
Damiete
Suez
EGYPTE
Girgé
Asuan
Tropique du Cancer
NUBIE TURQUE
Ibrim
Dungala
Mer Rouge
ARABIE
Amour
Goos
Taka
Moka
MER DES INDES
Detroit de Babel Mandeb
I. Socotora
C. Gardafui
Adel
ABISSINIE
DarFour
Source du Nil suivant Ptolemée
Montagnes de la Lune
Giugiro
Ajan
C. des Basses
Machida
Maracatés
Maracato
LIGNE EQUINOCTIALE
Monoc mugi R.
Melinde
Mombaze
Basse de Patram
Isles de l'Amirauté
I. Maho
Pemba
Zanzibar
I. Zanzibar
Cosmoledo
I. Providence
Monsia I.
Quiloa
C. Delgado
I. Galega
Mongallo
P. de Comore
C. d'Ambre
Macuas
Mosambique
EMPIRE DES BOROROS
Angoxa
MONOMOTAPA
Saba
Sofala
I. Ste Marie
C. de l'Est
B. d'Antongil
I. Ste Marie
I. Rodrigue
I. de France
I. Bourbon
Inhambane
C. des Courants
Tropique du Capricorne
C. St Marie
Baye de Laurens Marques
Canal de Mosambique
Côte de Natal
C. de Natal
HOTTENTOTS
C. des Aiguilles
Baye de Lagoa
Milles Geographiques de 60 au Degré.
Lieues Marines de 20 au Degré.
Lieues Marines de 25 au Degré.

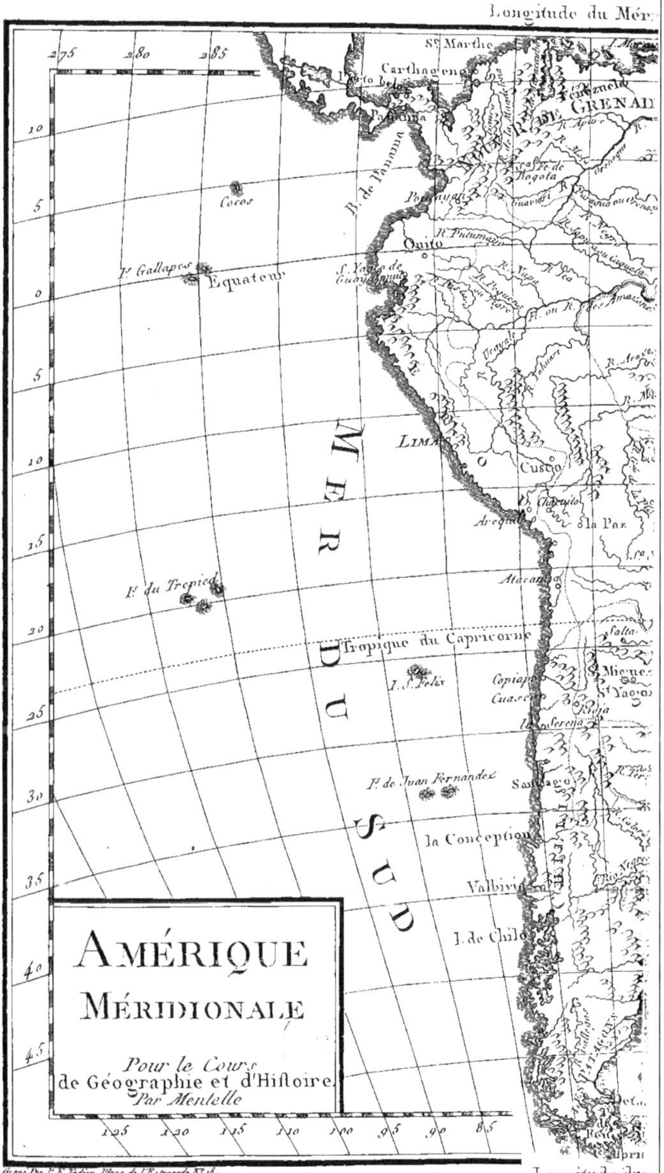

Longitude du Mér
275   280   285
Sté Marthe
Carthagene
Porto belo
Panama
GRENAD
Sta Fé de Bogota
B. de Panama
Cocos
Porto viejo
Quito
R. Putumayo
 Is Gallapes
Equateur
S. Yago de Guayaquin
Ucayale
MER
LIMA
Cuzco
Charcas
Arequipa
la Paz
DU
Atacama
Is du Trepied
Salta
Tropique du Capricorne
Copiapo
Miquec
I. S. Felix
Guasco
St Yago
SUD
la Serena
Is de Juan Fernandez
Santiago
la Conception
Valdivia
I. de Chiloé

AMÉRIQUE
MÉRIDIONALE

Pour le Cours
de Géographie et d'Histoire.
Par Mentelle

125   120   115   110   100   95   90   85

Gravé Par P.F. Tardieu, Place de l'Estrapade Nº 18.

Longitude du

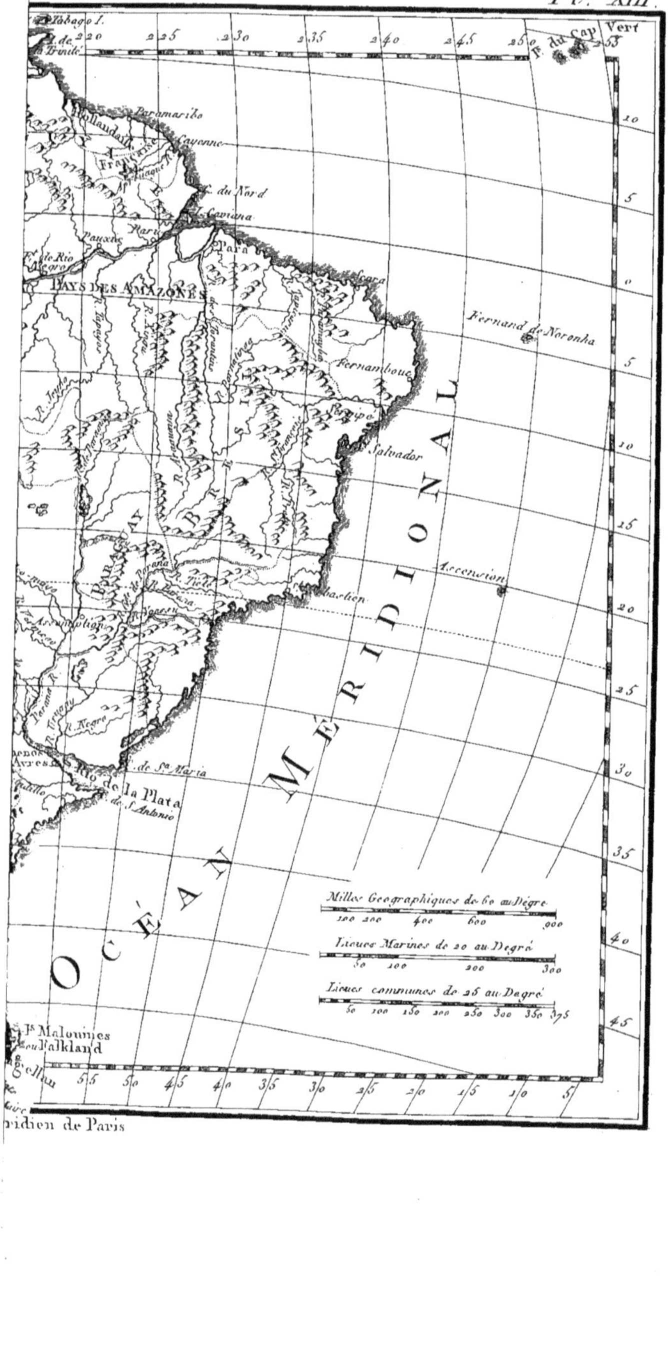

Tobago I.
I. de la Trinité
Paramaribo
Hollandaise
Française
Cayenne
C. du Nord
Caviana
Para
Maria
Pauxis
F. de Rio Negro
PAYS DES AMAZONES
Seara
F. du Cap Vert
BRESIL
Fernambouc
Seregipe
Fernand de Noronha
Salvador
Ascension
Parana
Tiete
S. Sebastien
Assomption
R. Negro
Uruguay
R. de S. Maria
Rio de la Plata
C. de S. Antonio
OCEAN MERIDIONAL
Milles Geographiques de 60 au Degré
100 200 400 600 900
Lieues Marines de 20 au Degré
50 100 200 300
Lieues communes de 25 au Degré
50 100 150 200 250 300 350 375
Is Malouines ou Falkland
Magellan
Meridien de Paris

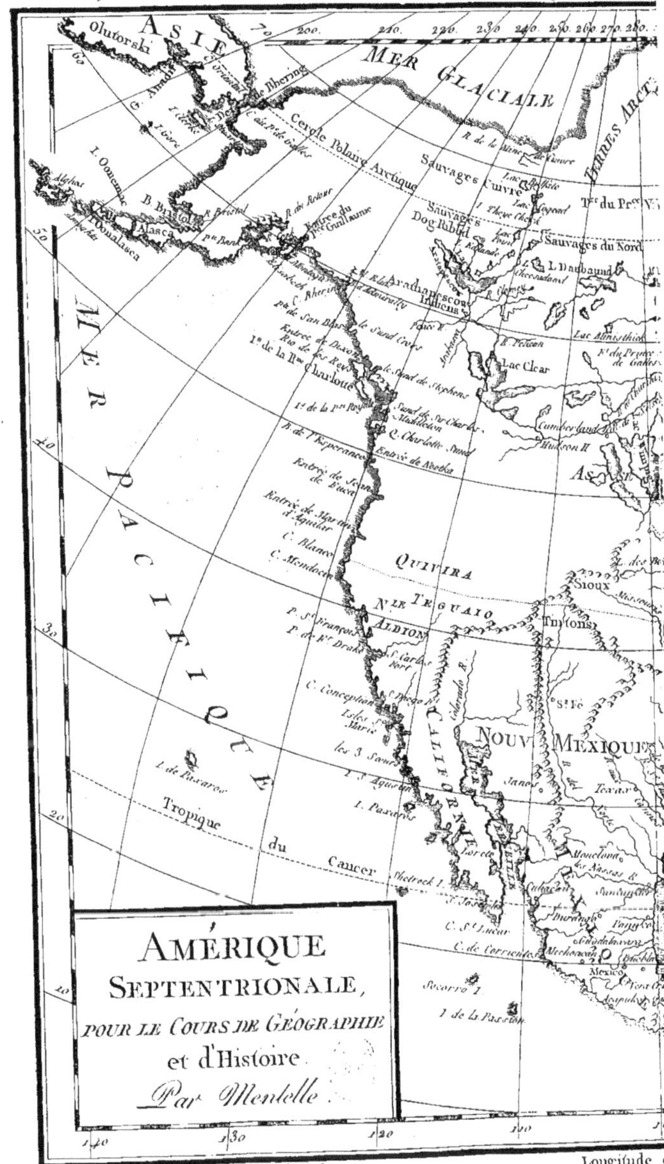

Longitude du Mér
ASIE
olutorski
MER GLACIALE
Détroit de Bhering
Cercle Polaire Arctique
TERRES ARCT
I. Oomenak
Sauvages Cuivre
B. Bristol
R. Bristol
R. du Retour
Entrée du P.ce Guillaume
Sauvages
Dog Ribbu
Sauvages du Nord
Alasca
I. Ounalasca
Athapescow
Indiens
L. Daubaund
C. Bhering
P.te de San Blas
le Sand Cross
Lac Clear
F.t du P.ce
de Galles
I.e de la R.ne Charlotte
Entrée de Stephens
Cumberland H.
Madileton
Q. Charlotte Sound
Hudson H
B. de l'Esperance
Entrée de Aberbla
As
Entrée de Juan
de Fuca
Entrée de Martin
d'Aguilar
C. Blanco
C. Mendocino
QUIVIRA
des Rei
Sioux
TEGUAIO
ALBION
Tuntons
P. S.t François
P. de S.t Drake
S.t Carlos
Port
S.te Fé
C. Conception
S. Diego
NOUV. MEXIQUE
Isles
Marie
les 3 Saints
I. de Pasaros
Tropique
Texas
I. Pasaros
du
Cancer
Loreto
MER PACIFIQUE
C. S.t Lucar
C. de Corrientes
Mechoacan
Mexico
Socorro I
I. de la Passion
AMÉRIQUE
SEPTENTRIONALE,
POUR LE COURS DE GÉOGRAPHIE
et d'Histoire
Par Mentelle
Gravé par P.F. Tardieu, Place de l'Estrapade N.o 18
Longitude d

Milles Géographiques de 65 au Degré
Lieues Marines de 20 au Degré
Lieues Communes de 25 au Degré
BAYE DE BAFFIN
I. Jacques
Dét. de Baffin
GROENLAND
Isle Fortune
Dét. d'Hudson
BAYE D'HUDSON
LABRADOR
ESQUIMAUX
TERRE NEUVE
Dét. de Bel'Isle
I. S. Jean
Banc de Terre Neuve
OCÉAN ATLANTIQUE
CANADA
Lac Supérieur
QUEBEC
ILLINOIS
LOUISIANE
Williamsbourg
Annapolis
Charlestown
Edenton
C. Hatteras
Chicachas
Carteret
Pensacola
R. S. Jean
ISLES LUCAYES
N. Orléans
GOLFE DU MÉXIQUE
FLORIDE
Lucayoneque Lucayes
Alabaster
Guanahani
Cave du Nord
Porto Rico
ISLES VIERGES
Anguille
Barbouda
Antigua
Guadeloupe
La Dominique
La Martinique
ISLES ANTILLES SOUS LE VENT
LA JAMAIQUE
I. S. DOMINGUE
I. S. Christophe
S. Luce
I. S. Vincent
Grenade
La Barbade
I. Tobago
ISLES SOUS LE VENT
Honduras
Grачиas a Dios
S. Andre
C. Corne
Cayenne
DARIEN
AMÉRIQUE MÉRIDIONALE
NOMS DES PROVINCES
QUI FORMENT LES
XIV. ÉTATS UNIS
1 New Hampshire
2 Massachusets Bay
3 Rhode Island
4 Connecticut
5 Etat de Vermont
6 New York
7 New Jersey
8 Pensilvani
9 Delaware
10 Maryland
11 Virginie
12 North Caroline
13 South Caroline
14 Georgie

Pl. XV.

Longitude du Méridien de l'Isle de Fer.

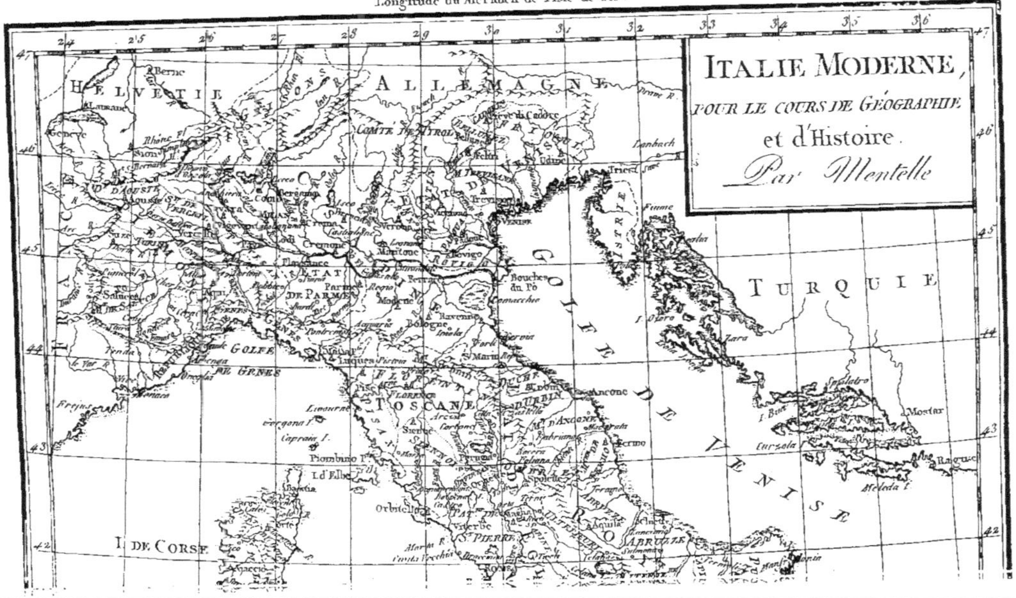

I. DE SARDAIGNE
Arinara I.
I. de La Magdelane
C. Canin
Sassari
C. d'Oristagni
I. S. Pietro
de Cagliari
I. Toro
MER MÉDITERRANÉE
AFRIQUE
Bona
Tabarca
Ultique
C. Zepibi
Cap Bon
Ruine de Carthage
Tunis
Hamamet
Susa
I. Pentellerie
Ponza I.
I. Ventotene
I. d'Ischia
G. de Naples
G. de Salerne
G. de Laiva
C. delle
C. di Palinuro
G. de Policastro
C. Felis
Isles de Lipari
I. Astica
I. Stromboli
I. Filicudi
I. Alicudi
I. Salina
I. Lipari
I. Levanzo
I. Martime
I. Favignana
Palerme
Mazara
SICILIA
VAL DI NOTO
Noto
C. Passaro
Catane
Cap di Spartivento
I. de Malte
NAPLES
TERRE DE BARI
TERRE D'OTRANTE
Golfe de Tarente
Cap Trionto
Longitude Orientale du Méridien de Paris.
Gravé par P. F. Tardieu, Place de l'Estrapade

www.ingramcontent.com/pod-product-compliance
Ingram Content Group UK Ltd.
Pitfield, Milton Keynes, MK11 3LW, UK
UKHW022149070726
13613UKWH00003B/1448